Schwarzer Panther

Schwarze Panther, ein Begriff, der normalerweise für melanistische Leoparden (in Asien und Afrika) oder Jaguare (in Amerika) verwendet wird, zeichnen sich durch ihr hängendes, glänzendes schwarzes Fell aus. Diese präzise Pigmentierung ist auf eine genetische Mutation zurückzuführen, die zu einem zusätzlichen Melanin führt. Trotz ihres dunklen Fells sind ihre Flecken oder Rosetten bei näherer Betrachtung, insbesondere bei direktem Tageslicht, dennoch sichtbar. Schwarze Panther besitzen einen kraftvollen Körperbau mit robusten, muskulösen Körpern, die auf Tarnung und Elektrizität ausgelegt sind. Ihre adaptiven Funktionen, zusammen mit scharfen Krallen und einem scharfen Sehvermögen, ermöglichen es ihnen, in zahlreichen Umgebungen hervorragend zu schauen und sich darin zurechtzufinden. Diese majestätische Erscheinung tarnt sie jetzt nicht nur im Dunkeln, sondern verstärkt auch ihren Mystik als eines der schwer fassbaren Raubtiere des Dschungels.

Schwarze Panther führen überwiegend ein Einzelleben und kommen während der Paarungszeit am häufigsten zusammen. Sie sind ausgesprochen territoriale Tiere und kennzeichnen ihre Art durch Kratzer auf Holz, Urin und Kot , um Gegner zu warnen und Überschneidungen in Jagdgebieten zu verhindern. Ihre Interaktionen mit anderen Arten, einschließlich Menschen, sind normalerweise meidend; Sie bevorzugen die Einsamkeit in ihren großen Revieren. Zu den Paarungsritualen schwarzer Panther gehören Lautäußerungen, Duftmarkierungen und körperliche Zurschaustellung. Nach der Paarung wechseln sich Frauen und Männer ab, wobei die Weibchen den Nachwuchs vollständig erziehen. Diese einsame Natur unterstreicht ihre Anpassungsfähigkeit und ihr Talent, die Kontrolle über ihren Bereich zu behalten.

Der Lebensraum des Schwarzen Panthers variiert je nach Art selbst und reicht von dichten Regenwäldern und bewaldeten Savannen bis hin zu Bergregionen. Ihre Anpassungsfähigkeit ermöglicht es ihnen, in unterschiedlichen Umgebungen zu gedeihen, vor allem aufgrund ihres erstklassigen Aussehens und ihrer territorialen Anpassungsfähigkeit . Die dichte Bedeckung der Regenwälder oder das schroffe Gelände der Berge bietet ihnen ausreichend Schutz für die Jagd auf Beute und schützt sie schließlich vor Bedrohungen. Diese Vielseitigkeit im Lebensraumwunsch unterstreicht ihre Position als Top-Raubtier, das sich an verschiedene Ökosysteme anpassen kann und gleichzeitig seinen Status als Spitzenprädator behält.

Als Spitzenprädatoren zeigen schwarze Panther erstklassige Jagdstrategien, von der Pirsch bis zum Hinterhalt ihrer Beute. Ihr Fressplan besteht vor allem aus mittelgroßen bis großen Säugetieren, zu denen Hirsche, Wildschweine und ab und zu auch kleinere Tiere gehören. Schwarze Panther nutzen ihre Heimlichkeit und Stärke, um Beute zu erlegen. Dabei konzentrieren sie sich oft auf kranke, alte oder schwächere Menschen in einer Herde und spielen dabei eine entscheidende Rolle im natürlichen Entscheidungsprozess. Ihre Ernährungsgewohnheiten tragen maßgeblich zur Erhaltung der ökologischen Stabilität, zur Kontrolle der Beutepopulationen und zur Sicherung der Artenvielfalt in ihrem Lebensraum bei.

Die Ernährungsgewohnheiten von Schwarzen Panthern können je nach ihrem geografischen Standort und der Verfügbarkeit von Beutetieren erheblich variieren. In den dichten Wäldern Asiens und Afrikas können Leoparden (einschließlich melanistischer Menschen) außergewöhnliche Arten von Antilopen, Affen und Nagetieren jagen. Im Vergleich dazu könnten melanistische Jaguare auf dem amerikanischen Kontinent auf größere Beutetiere wie Nabelschweine, Wasserschweine und Kaimane achten. Diese Anpassungsfähigkeit in der Ernährung zeigt ihr opportunistisches Fressverhalten und ermöglicht es ihnen, in einer Vielzahl von Umgebungen zu gedeihen und ihren Ruf innerhalb der Nahrungskette zu wahren.

Das Leben der Jungen des Schwarzen Panthers beginnt versteckt im dichten Unterholz oder in Höhlen, geschützt vor Raubtieren. Die Jungen werden blind geboren und sind in Bezug auf Schutz und Ernährung vollständig auf den Schutz und die Ernährung ihrer Mütter angewiesen. Die Sterblichkeitsrate der Jungen ist aufgrund der Bedrohung durch Raubtiere und der anspruchsvollen Bedingungen in der Wildnis zu hoch. Unter der wachsamen Fürsorge ihrer Mütter entdecken die Jungen jedoch Möglichkeiten, zu jagen und weiterzuleben. Diese kritische Phase der Abhängigkeit, die etwa 18 bis 24 Monate dauert, prägt ihr Abenteuer bis zur Reife und stattet sie mit den Kompetenzen aus, die sie benötigen, um die Komplexität ihrer Umgebung zu meistern.

Ihre genetische Variation in ihrer Umgebung markiert den evolutionären Verlauf der schwarzen Panther. Es wird angenommen, dass das Melanismus- Merkmal in bestimmten Lebensräumen einen adaptiven Vorteil darstellt und eine Tarnung in dichten, dunklen Wäldern oder zu einem bestimmten Zeitpunkt bei nächtlichen Aktivitäten darstellt. Dieses evolutionäre Merkmal ist das Ergebnis einer Mutation im Melanocortin-One-Rezeptor-Gen (MC1R). Im Laufe der Zeit haben diese Anpassungen es dem Schwarzen Panther ermöglicht, sich als Jäger hervorzuheben und weiterhin in zahlreichen Ökosystemen zu existieren. Ihre Entwicklung ist ein Beweis für die dynamische Natur der Pflanzenselektion und zeigt das Zusammenspiel von Genetik und Umwelt beim Überleben der Arten.

Die Schätzung der Population schwarzer Panther ist aufgrund ihrer schwer fassbaren Natur und der Weitläufigkeit ihrer Lebensräume eine Herausforderung. Es wird jedoch angenommen, dass ihre Zahl im Großen und Ganzen aufgrund von Lebensraumverlust, Wilderei und Kämpfen mit Menschen zurückgeht. Die Verbreitung des Schwarzen Panthers entspricht der Vielfalt der Leoparden und Jaguare, wobei isolierte Populationen in Asien, Afrika und Amerika verschiedenen Bedrohungsstufen ausgesetzt sind. Erhaltungsbemühungen sind für die Überwachung und Verteidigung dieser majestätischen Tiere unerlässlich und sichern ihr Überleben inmitten sich ändernder Umwelt- und Menschenbelastungen.

Der Ruf des Schwarzen Panthers als Naturschützer ist untrennbar mit dem der Art verbunden, zu der er gehört – Leoparden und Jaguare. Beide Arten sind erheblichen Bedrohungen durch Lebensraumzerstörung, Wilderei wegen ihres schönen Fells und Konflikte mit Menschen ausgesetzt. Die Naturschutzbemühungen umfassen den Schutz von Lebensräumen, Maßnahmen zur Bekämpfung der Wilderei und Initiativen zur Verringerung von Konflikten zwischen Mensch, Flora und Fauna. Internationale Zusammenarbeit und rechtlicher Schutz im Rahmen des CITES-Übereinkommens (Übereinkommen über den internationalen Handel mit gefährdeten Arten freilebender Tiere und Pflanzen) sind für die Sicherung ihrer Zukunft von wesentlicher Bedeutung.

Der Schutz dieser Spitzenprädatoren ist für den Erhalt der Artenvielfalt und der Gesundheit der Ökosysteme von entscheidender Bedeutung.

Schwarze Panther sind sowohl in freier Wildbahn als auch in Gefangenschaft mit zahlreichen gesundheitlichen Herausforderungen konfrontiert. In freier Wildbahn können Unfälle durch Kämpfe, Unfälle oder menschliche Interaktionen erhebliche Gefahren mit sich bringen. Krankheiten und Parasiten beeinträchtigen auch ihre Fitness und beeinträchtigen ihre Jagd- und Überlebensfähigkeit. In Gefangenschaft ist zwar eine tierärztliche Versorgung erforderlich, doch Probleme wie Belastung, Fettleibigkeit und genetische Probleme aufgrund von Inzucht können ihre Haltbarkeit und ein erstklassiges Leben beeinträchtigen. Das Verständnis und die Bewältigung dieser gesundheitlichen Herausforderungen ist für die

Erhaltungsbemühungen und das Wohlergehen der in Gefangenschaft lebenden Populationen wichtig.

Die typische Lebenserwartung schwarzer Panther in freier Wildbahn beträgt etwa 12 bis 15 Jahre. Allerdings können Menschen in Gefangenschaft aufgrund der Abwesenheit von Raubtieren und der Verfügbarkeit normaler Nahrung und medizinischer Versorgung bis zu zwanzig Jahre oder länger leben. Zu den Faktoren, die ihre Widerstandsfähigkeit beeinflussen, gehören die genetische Gesundheit, die Verfügbarkeit von Beutetieren und die Umweltbedingungen. In freier Wildbahn wird das Überleben des Schwarzen Panthers auch durch menschliche Aktivitäten, die Qualität des Lebensraums sowie die Anwesenheit von Konkurrenz und Raubtieren beeinträchtigt. Naturschutzbemühungen, die darauf abzielen, ihre natürlichen Lebensräume zu erhalten und sicherzustellen, dass eine starke Beutebasis vorhanden ist, sind für die Verlängerung der Lebensdauer und die Erhöhung der Überlebenschancen dieser brillanten Tiere von entscheidender Bedeutung.

www.ingramcontent.com/pod-product-compliance
Lightning Source LLC
LaVergne TN
LVHW060503170826
845677LV00026B/1412
9798882192555